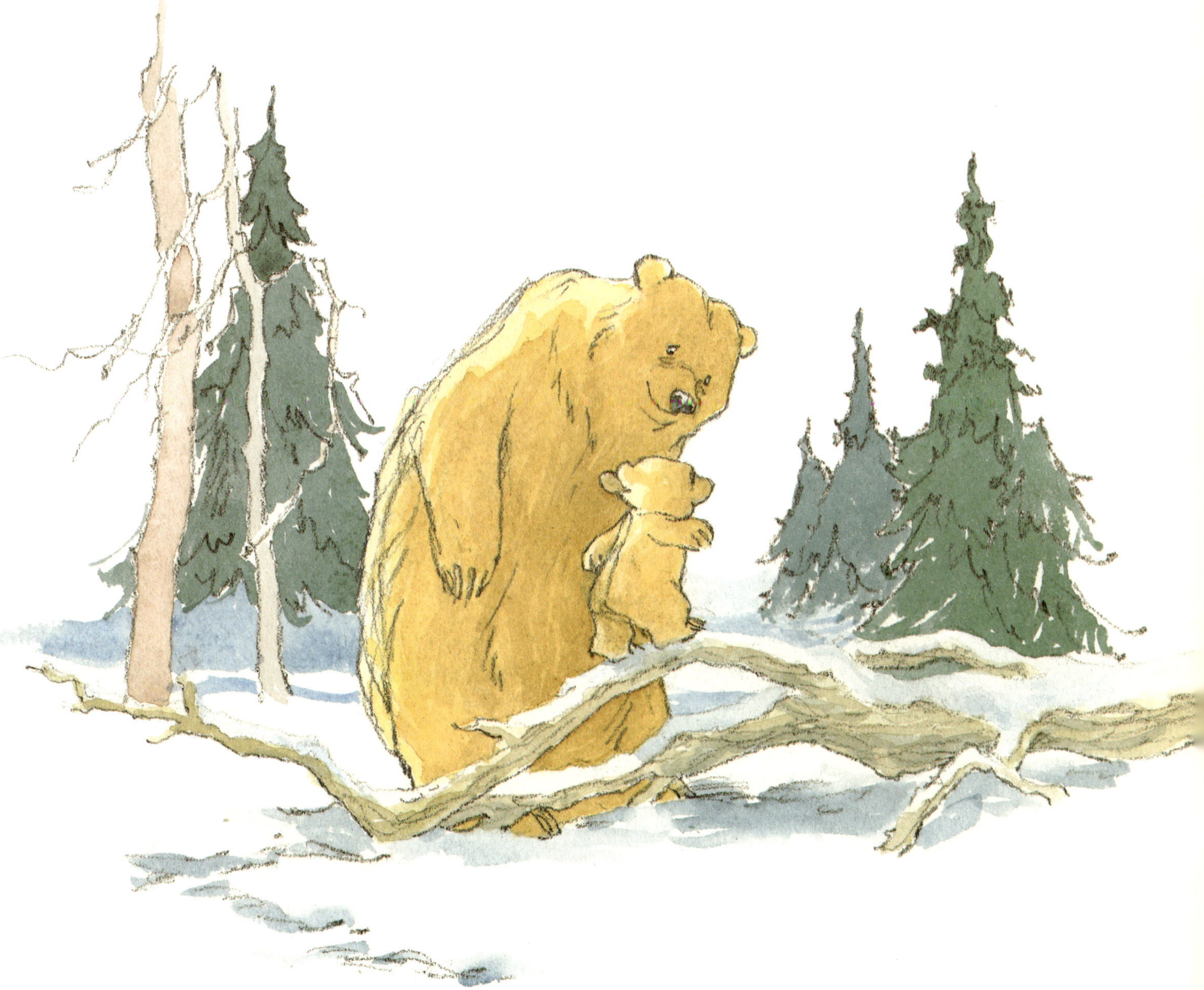

CIP
Derde druk, 1993
Vertaling: L.M. Niskos
Nederlandse rechten Lemniscaat b.v. Rotterdam 1991
ISBN 90 6069 799 5
Tekst © 1991 Martin Waddell
Illustraties © 1991 Barbara Firth
Oorspronkelijke titel: Let's go home, Little Bear
Oorspronkelijke uitgever: Walker Books Ltd., Londen
Gedrukt in België

Ga je mee, Kleine Beer?

Martin Waddell

Barbara Firth

Lemniscaat ∞ Rotterdam

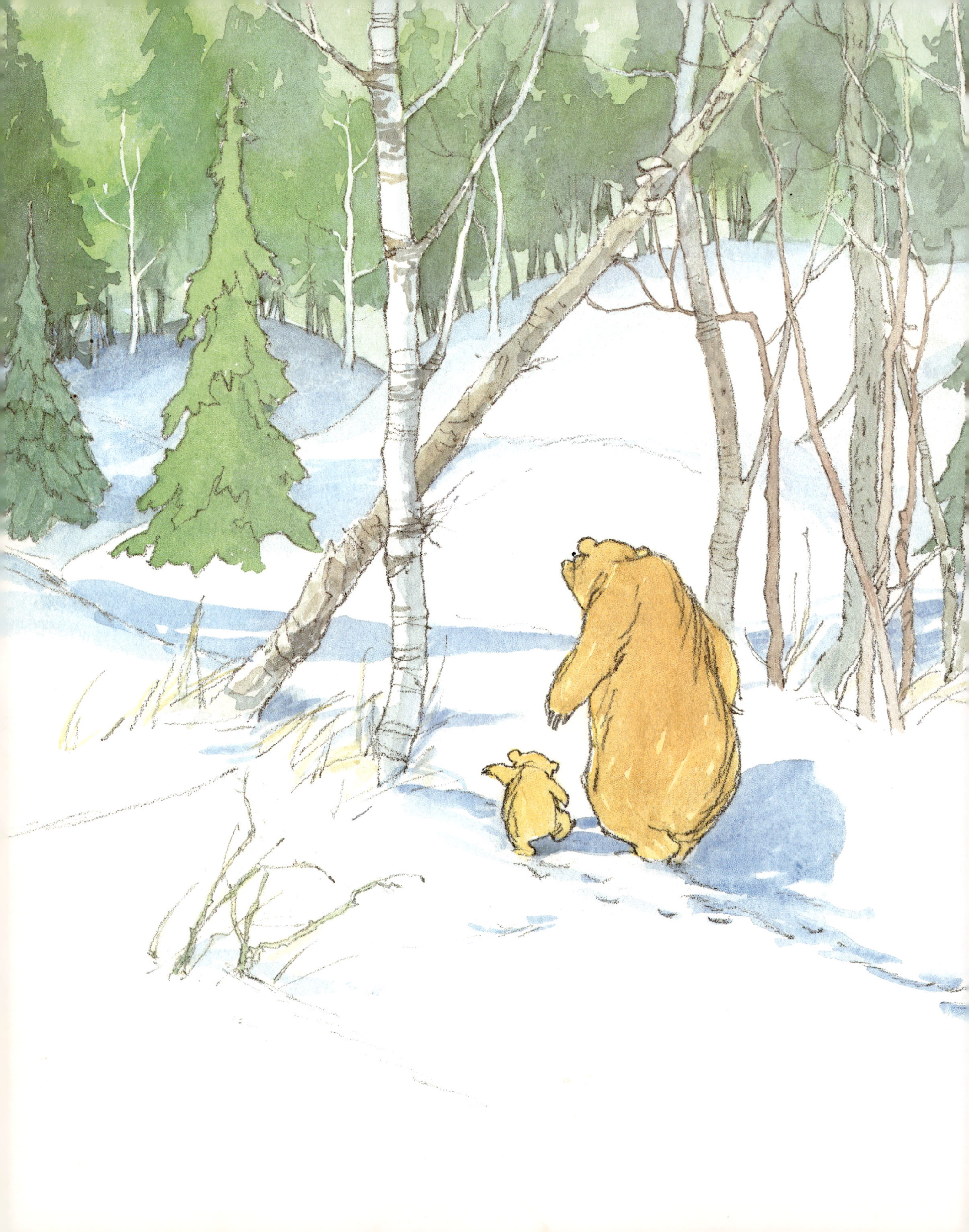

Het was een mooie winterdag
en Grote Beer zei:
'Lekker weer voor een wandeling.
Ga je mee, Kleine Beer?'

Ze wandelden de hele middag.

Toen zei Grote Beer:

'We moesten maar weer eens naar huis.

Ga je mee, Kleine Beer?'

En ze liepen terug door het bos.

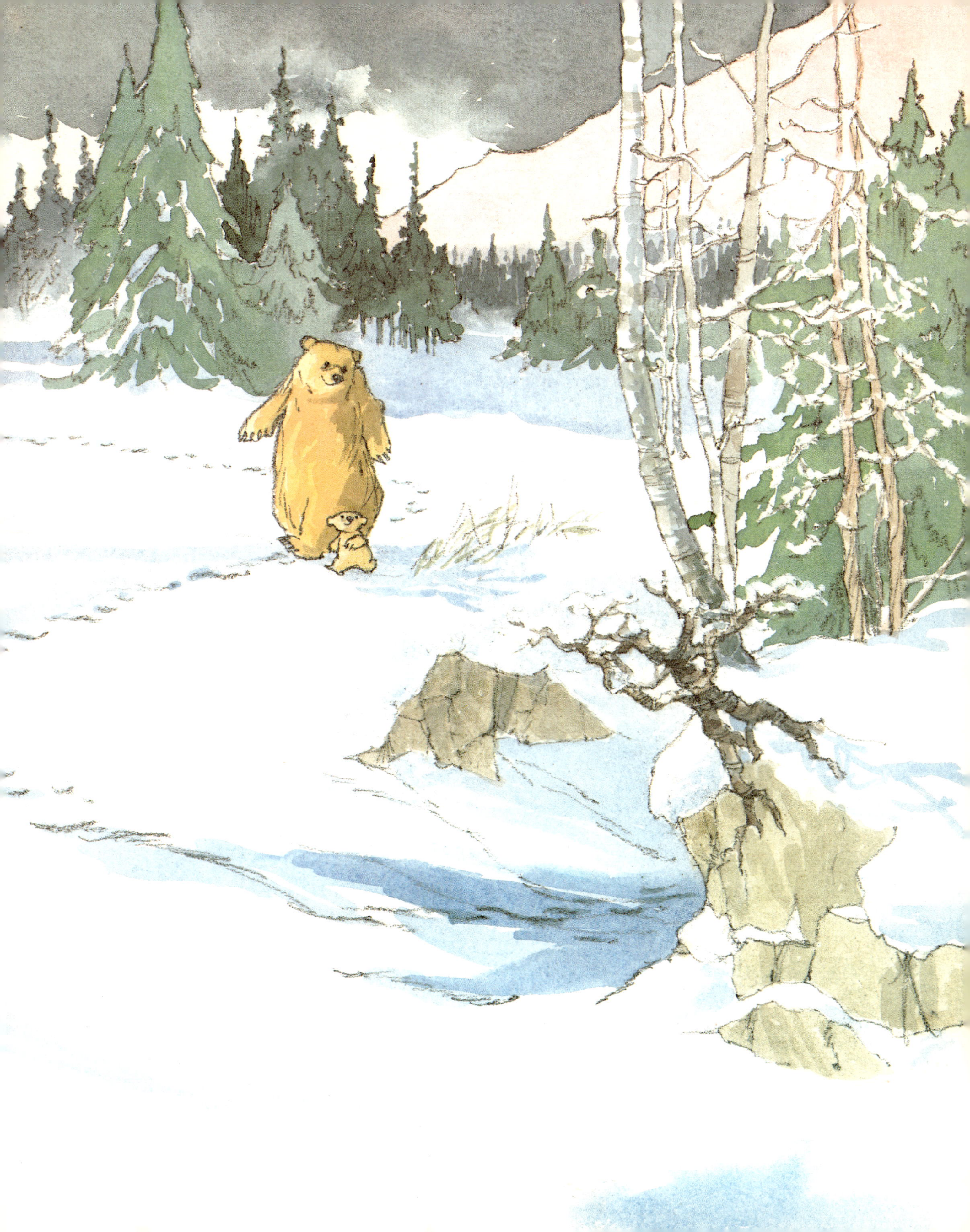

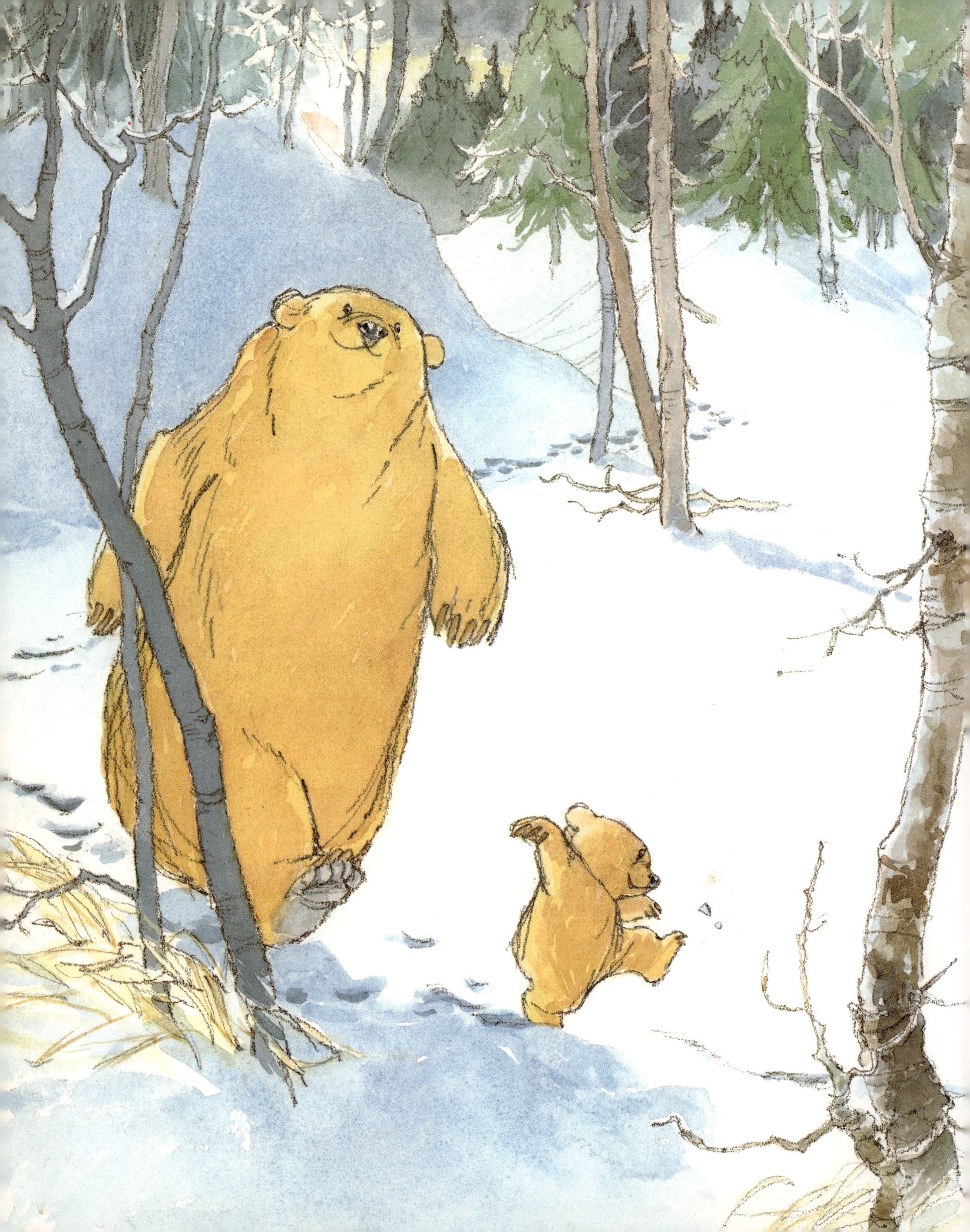

SLOF SLOF SLOF

deden de poten van Grote Beer.

Kleine Beer huppelde voorop

hij sprong in de sneeuwhopen

en gleed van de heuveltjes.

Maar opeens...

bleef Kleine Beer staan.

Hij spitste zijn oren

en keek achterom.

'Ga je mee, Kleine Beer?' zei Grote Beer.

Maar Kleine Beer verzette geen poot.

'Stil eens! Ik hoor wat', zei hij.

'Wat hoor je dan?'

'Slof, slof, slof', zei Kleine Beer.

'Er zit een Sloffer achter ons aan.'

Grote Beer draaide zich om.

Hij luisterde en keek in het rond.

Er was geen Sloffer te zien.

'Welnee, Kleine Beer. Dat waren mijn poten

in de sneeuw. Ga je mee?'

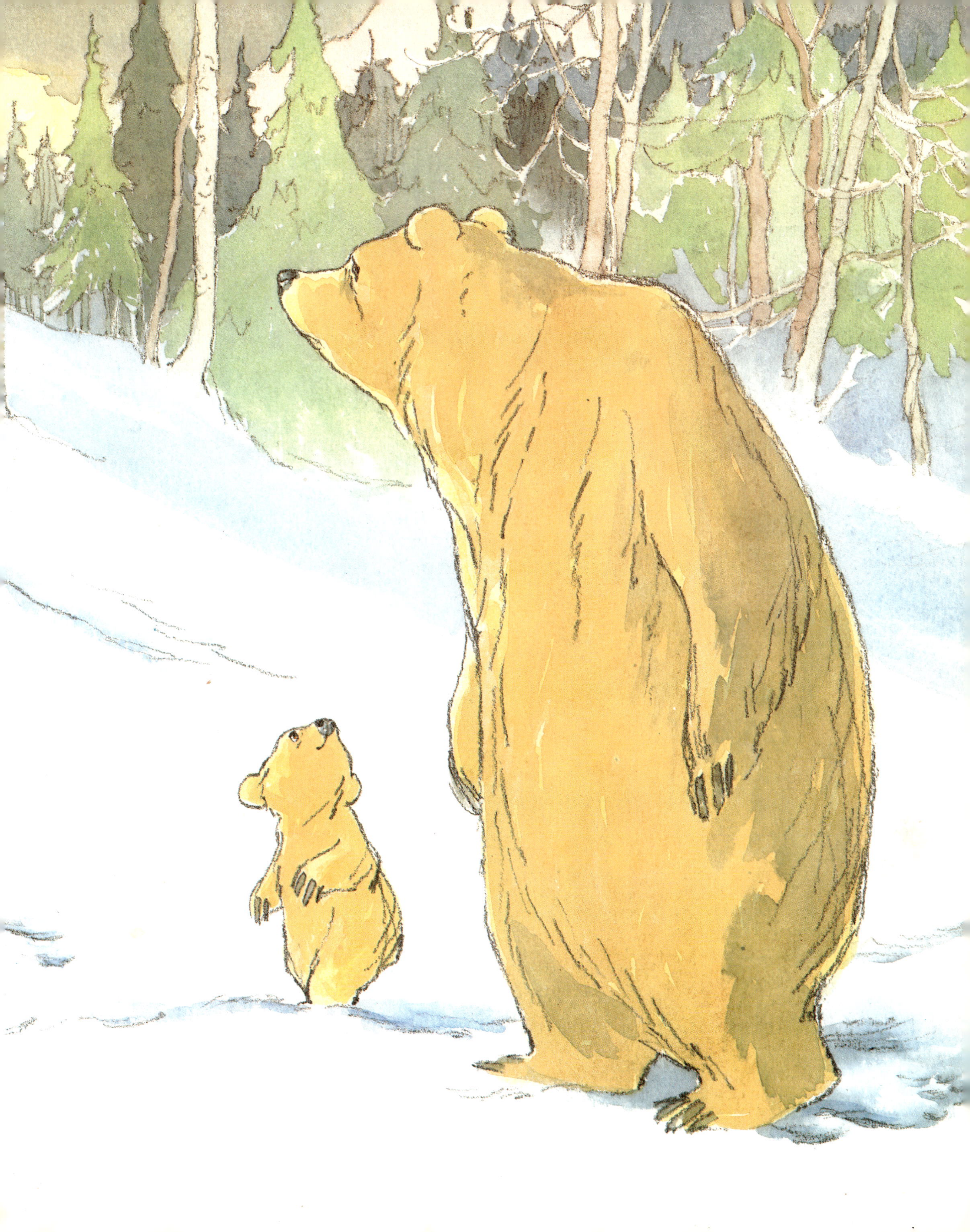

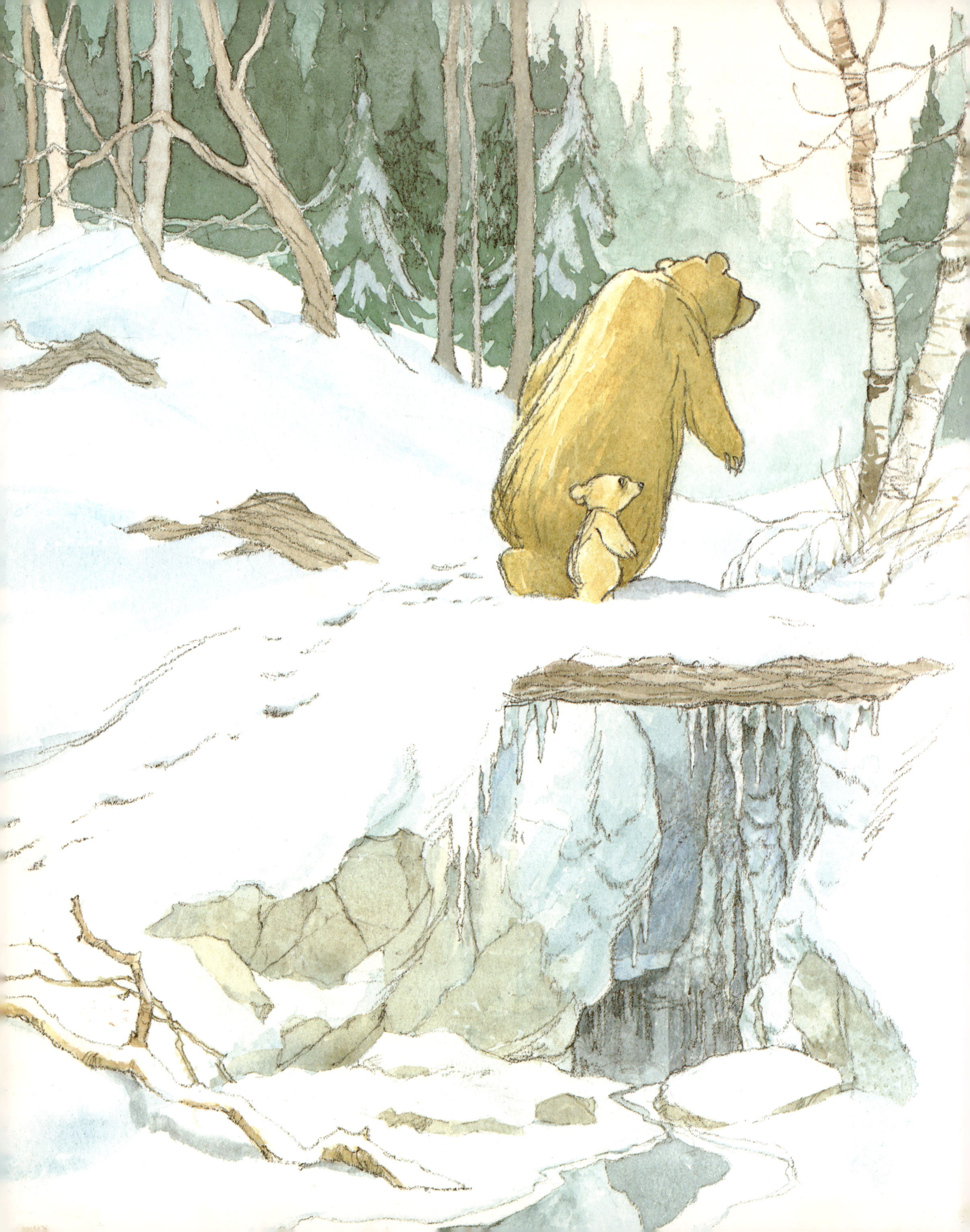

Ze gingen weer verder
over het pad door het bos.
SLOF SLOF SLOF
deden de poten van Grote Beer.
Kleine Beer liep naast hem.
Af en toe keek hij eventjes
over zijn schouder.

Toen, opeens...
bleef Kleine Beer staan.
Hij spitste zijn oren
en keek achterom.

'Ga je mee, Kleine Beer?' zei Grote Beer.

Maar Kleine Beer verzette geen poot.

'Stil eens! Ik hoor wat', zei hij.

'Wat hoor je dan?'

'Sip, sip, sip', zei Kleine Beer.

'Dat is vast een Sijpelaar!'

Grote Beer draaide zich om.
Hij luisterde en keek in het rond.
Er was geen Sijpelaar te zien.
'Welnee, Kleine Beer! Het is water
dat in de beek sijpelt.
Ga je mee?'

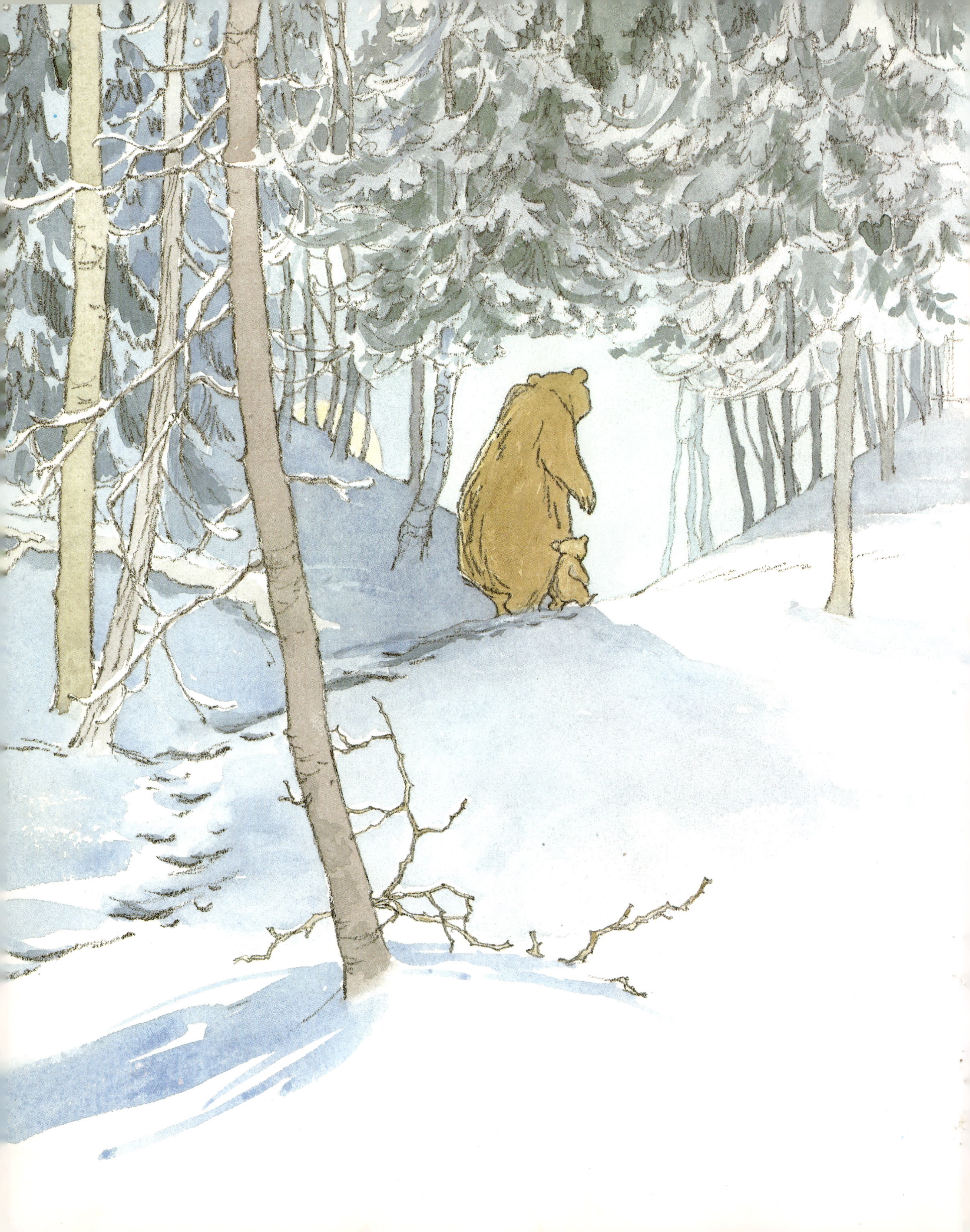

Ze gingen weer verder

over het pad door het bos.

SLOF SLOF SLOF

deden de poten van Grote Beer.

Kleine Beer bleef heel dicht bij hem.

Opeens...

bleef Kleine Beer staan.

Hij spitste zijn oren

en keek achterom.

'Ga je mee, Kleine Beer?' zei Grote Beer.

Maar Kleine Beer verzette geen poot.

'Nu weet ik het zeker! Ik hoorde iets.'

'Wat hoorde je dan?'

'Plof, plof, plof', zei Kleine Beer.

'Er zit hier een Ploffer!'

Grote Beer draaide zich om.

Hij luisterde en keek in het rond.

Er was geen Ploffer te bekennen.

'Welnee, Kleine Beer.

Dat geplof is de sneeuw

die van de takken valt.

Ga je mee?'

SLOF SLOF SLOF

deden de poten van Grote Beer

over het pad door het bos.

Maar Kleine Beer

ging steeds langzamer lopen

en toen ging hij zitten

midden in de sneeuw.

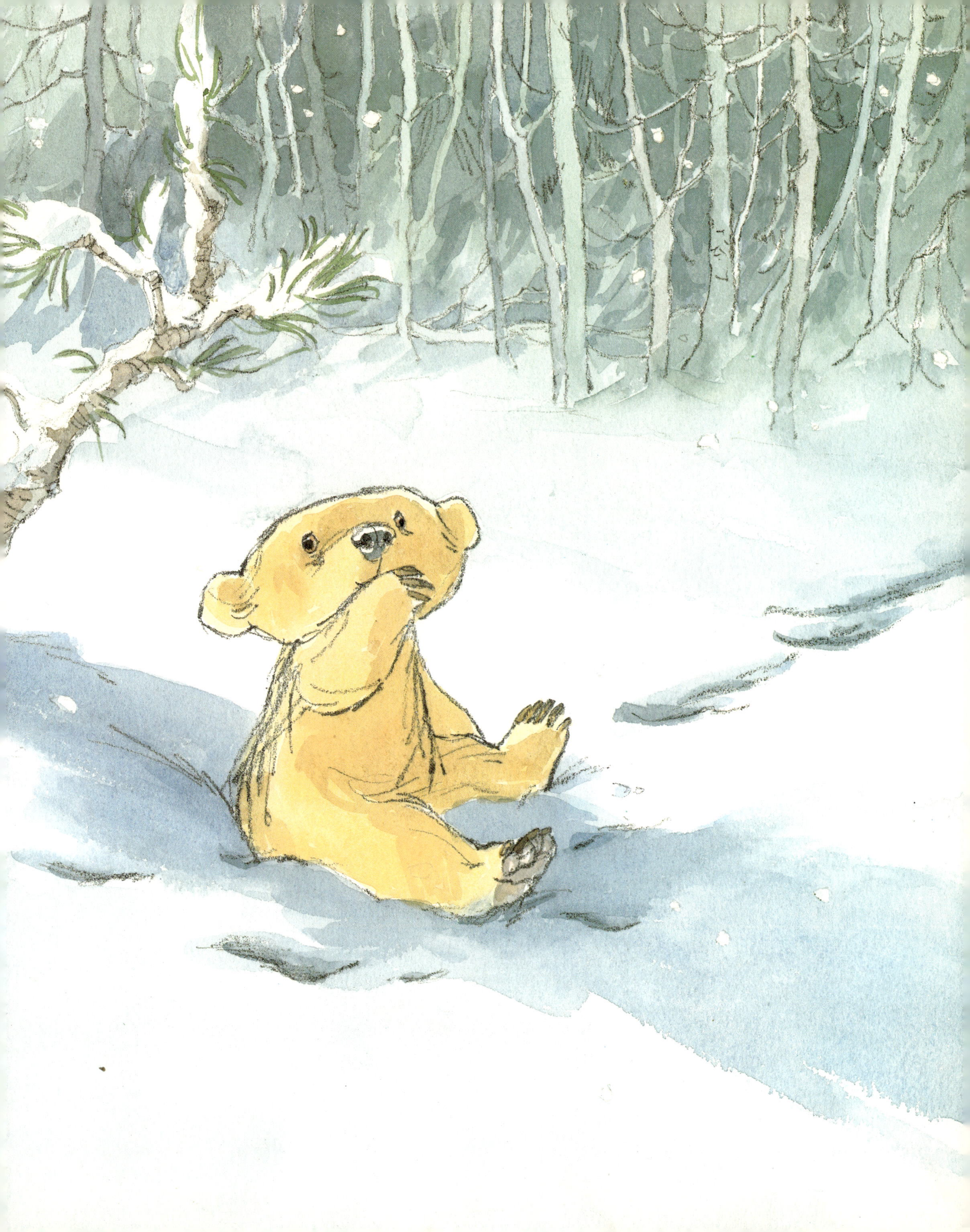

'Ga je mee, Kleine Beer?' zei Grote Beer.

'We moeten nu echt eens naar huis toe.'

Kleine Beer zat daar maar en zei niks.

'Kom, dan zal ik je dragen',

zei Grote Beer.

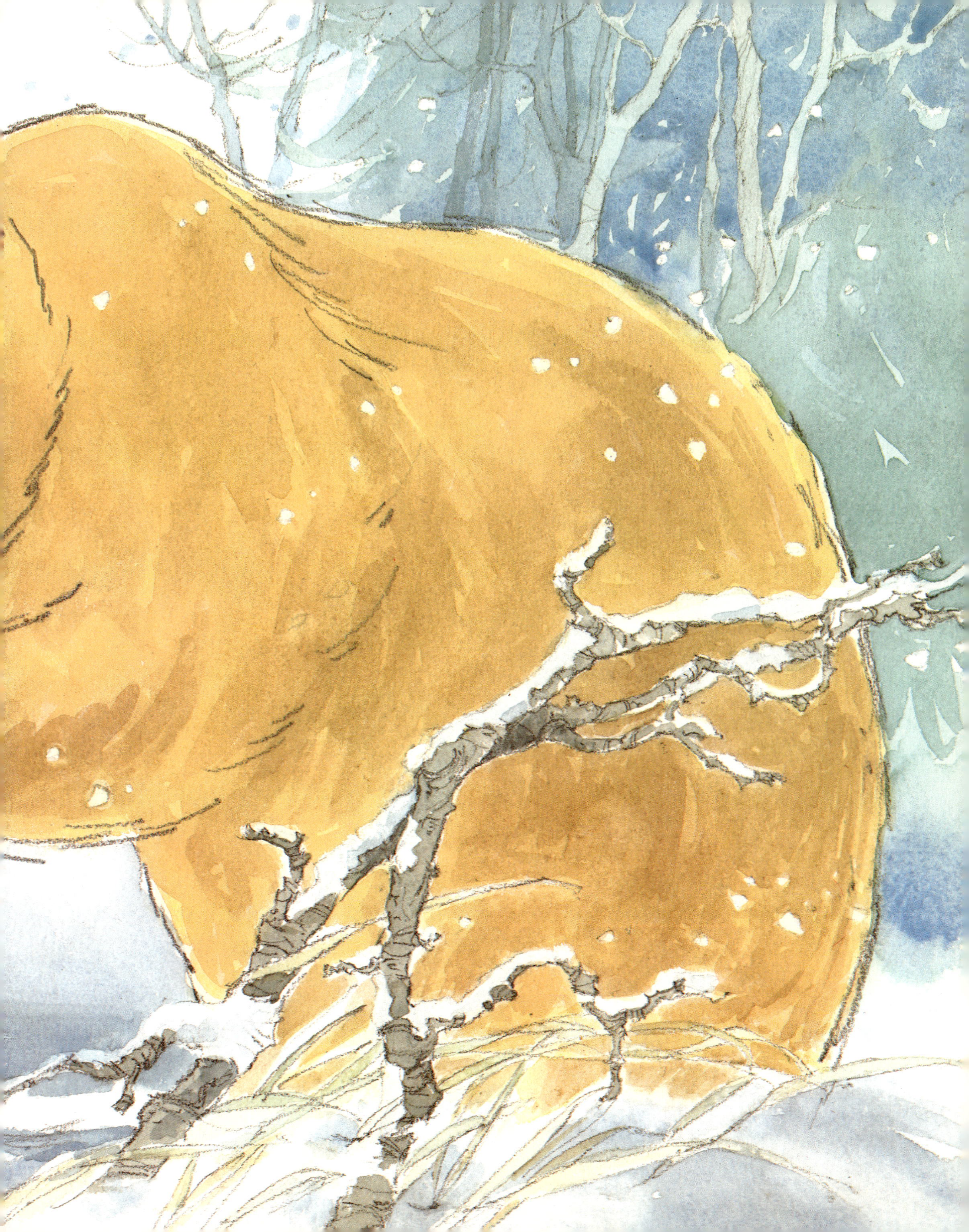

Grote Beer tilde Kleine Beer
hoog op zijn schouders.
Zo gingen ze samen verder
over het pad door het bos.

    WOE WOE WOE
    'Dat is alleen maar de wind
    in de bomen, Kleine Beer.'
    En Grote Beer liep verder.

KRAK KRAK KRAK
'Dat zijn alleen maar de takken
van de bomen, Kleine Beer.'
En Grote Beer liep verder.

SLOF SLOF SLOF

'Dat doen mijn poten, Kleine Beer.'

En Grote Beer slofte verder

en verder, de hele weg

terug naar huis.

De maan scheen al
toen ze naar binnen gingen,
de trap af, naar hun eigen
veilige hol.

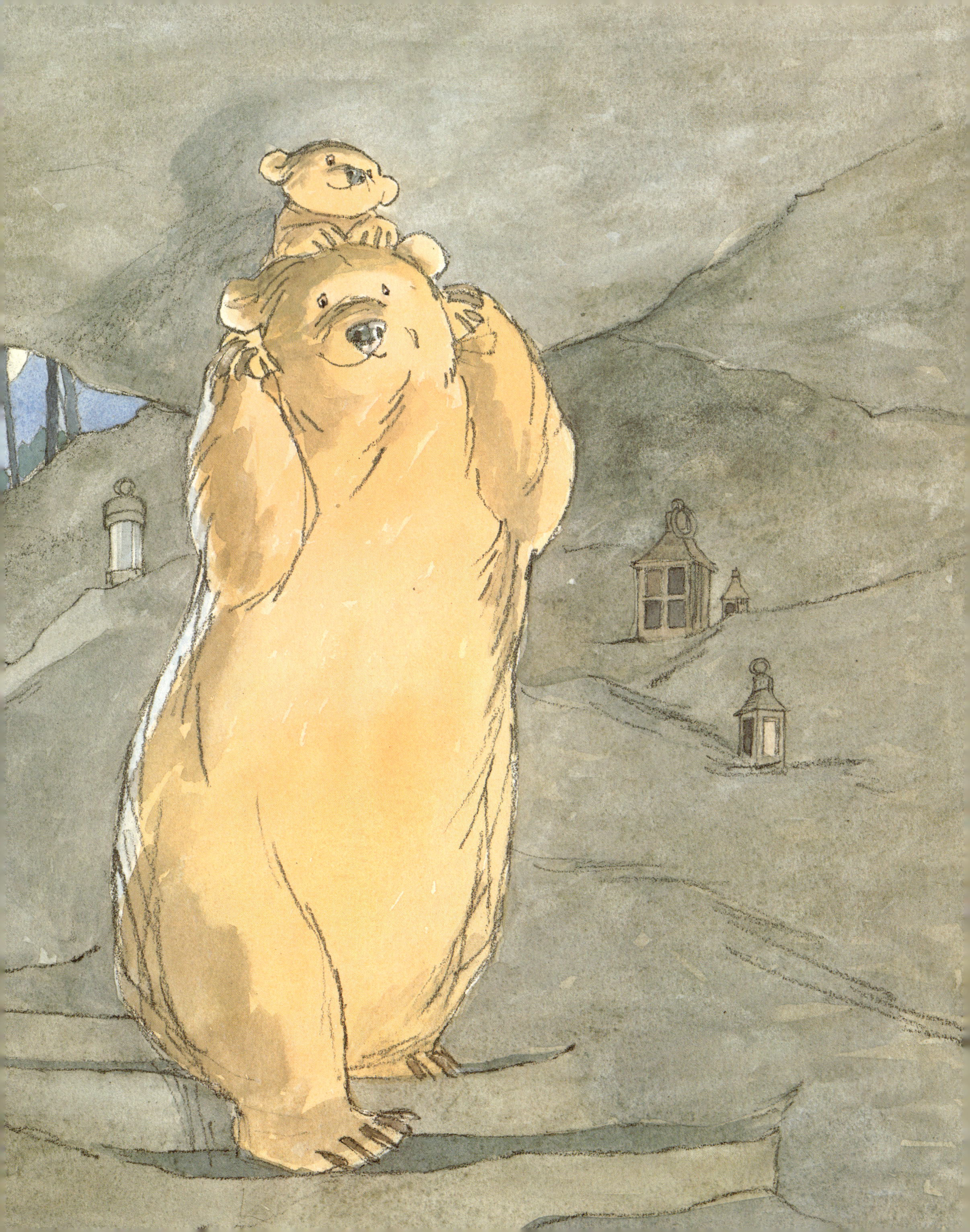

Grote Beer zette Kleine Beer
in zijn Grote Berestoel
met een warme deken om.
'Wacht maar eens even',
zei Grote Beer.
Hij stookte het vuur op,
deed alle lampen aan
en maakte het Berehol
weer knus en warm.
'En nu een verhaal',
zei Kleine Beer.

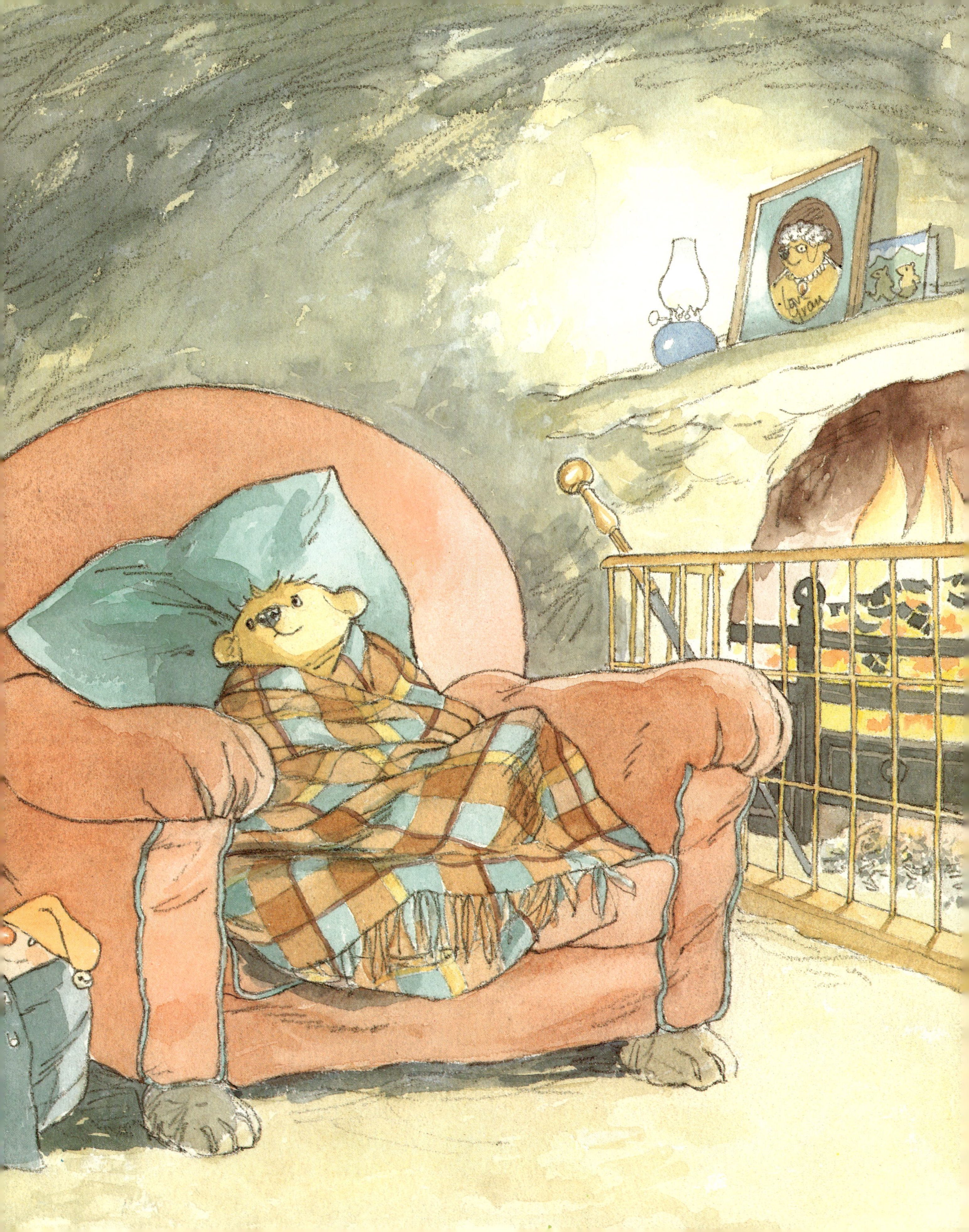
Love Gran

Grote Beer ging in de Berestoel zitten

met Kleine Beer dicht tegen zich aan.

Hij vertelde over een groot bos

vol geheimzinnige geluiden,

over Ploffers en Sijpelaars

en een Grote en een Kleine Beer

die de hele middag

door de sneeuw liepen.

En eindelijk waren ze

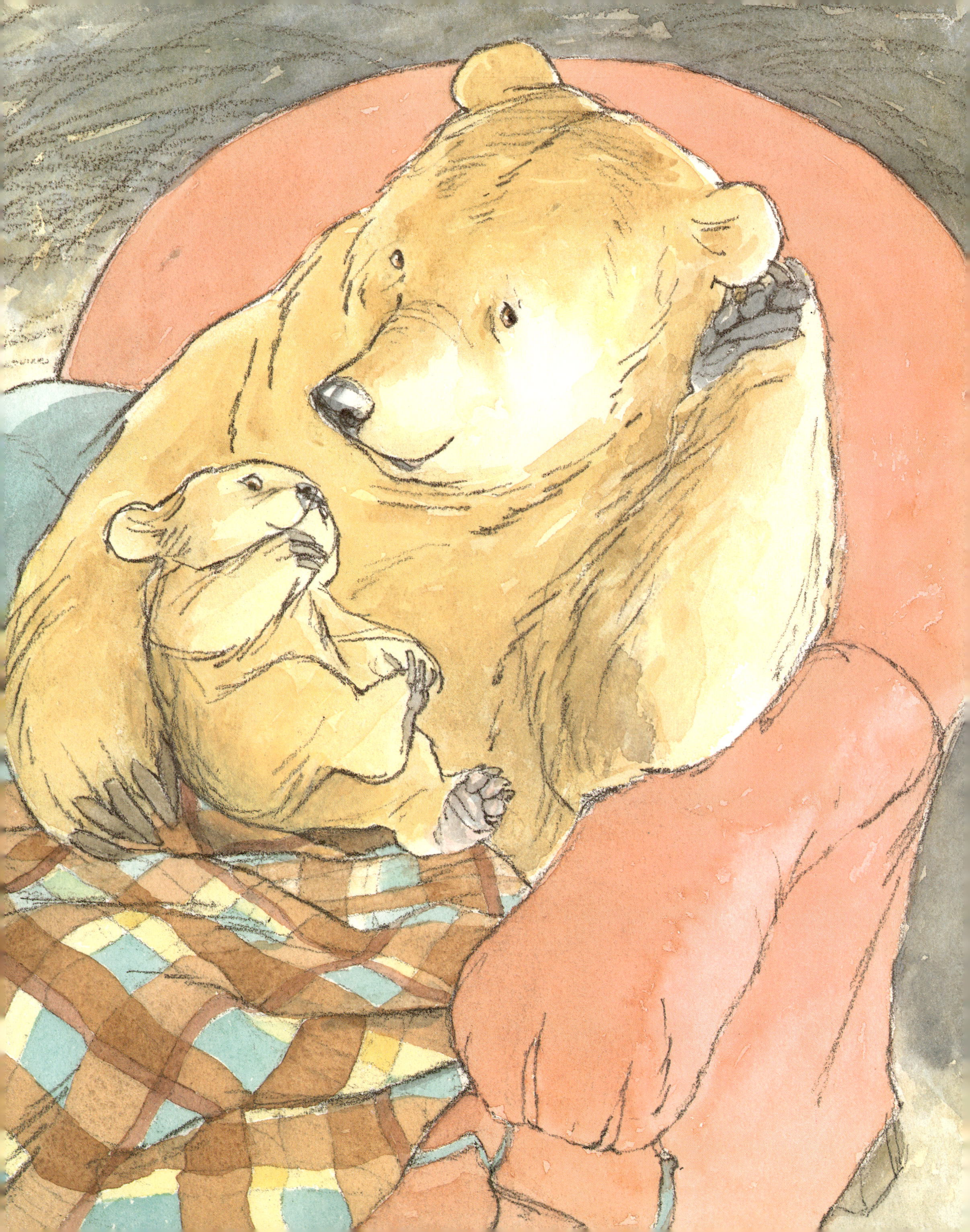

THUIS